Ralf Butschkow

D1942574

Ich hab eine Freundin, die ist Polizistin

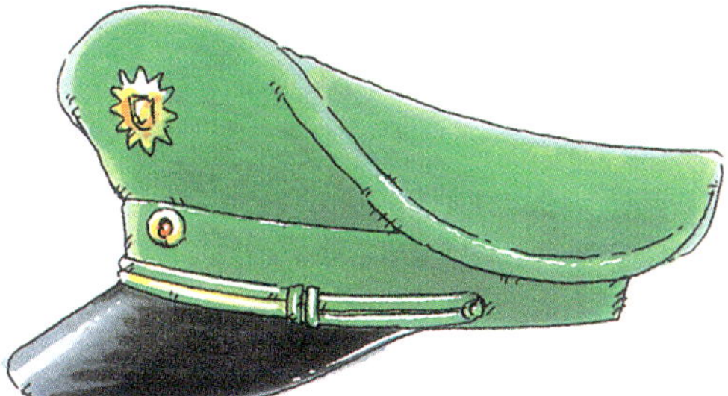

CARLSEN

POLIZEI
3
B-2095

»Die Polizei, dein Freund und Helfer«. Eigentlich müsste das »deine Freundin und Helferin« heißen, denn meine beste Freundin heißt Meike und arbeitet bei der Polizei. Sie ist Verkehrspolizistin auf einem Motorrad und hat mich heute auf ihre Wache eingeladen, um mir alles genau zu erklären. Gerade kommt sie mit einem Kollegen von einer Streifenfahrt zurück. So nennt man das, wenn die Polizei in der Stadt herumfährt und schaut, ob alles in Ordnung ist.

Auf dem Revier werden wir von Meikes Kollegen begrüßt. Hierher kann man kommen, wenn man einen Unfall melden oder eine Anzeige aufgeben will.

»Hallo, willst du uns bei der Arbeit helfen?«, fragt mich der Polizist am Computer. Der Mann neben mir beschwert sich lautstark über einen anderen Verkehrsteilnehmer. Nein, da möchte ich doch lieber nicht bei der Arbeit helfen.

Nachdem Meike ihre Motorradkleidung ausgezogen hat, zeigt sie mir die Funkbetriebszentrale. Hier kommen die Anrufe an, wenn man die Notrufnummer 110 wählt. Und hier wird auch der Funkverkehr mit den Streifenwagen geregelt. Gerade kommt ein Notruf an: An einer Kreuzung hat es einen Verkehrsunfall gegeben. Ein Kollege von Meike schickt sofort über Funk zwei Streifenwagen an den Unfallort. Danach informiert er auch die Feuerwehr, denn es könnten bei dem Unfall ja auch Personen verletzt worden sein.

Meike erzählt mir, dass sie häufig zu Unfällen gerufen wird. Dann muss sie die anderen Autos an der Unfallstelle vorbei leiten oder sie muss genau aufschreiben, was passiert ist und wie die Personen heißen, die an dem Unfall beteiligt sind. Außerdem muss sie die Namen der Zeugen notieren, die alles beobachtet haben. Einen Unfallbericht schreiben, nennt man so etwas.

Gestern hat Meike bei einer »Mausefalle« geholfen. Das ist eine Verkehrskontrolle. Ein Polizist hält mit seiner Kelle Autos an. Die Fahrer müssen dann ihren Führerschein und ihren Ausweis zeigen und die Fahrzeuge werden überprüft. Der Motorroller ist wohl zu sehr beladen und das alte Auto sieht auch nicht so aus, als wäre es noch verkehrstüchtig. Manchmal fängt die Polizei bei Verkehrskontrollen auch Verbrecher, die schon lange gesucht werden. Oder die Polizisten merken, dass ein Autofahrer betrunken ist und nicht mehr fahren darf.

Auf dem Hof der Wache kommen uns zwei Polizisten auf Pferden entgegen. »Haben die keinen Führerschein?«, frage ich. Meike lacht. »Das ist die Reiterstaffel der Polizei«, erklärt sie. »In fast allen Großstädten gibt es Polizeireiter in der Innenstadt. Selbst wenn die Straßen verstopft sind, kommen die Pferde überallhin. Auch in die Fußgängerzonen, in Parkanlagen und in den Wald.«

Das finde ich toll, denn Pferde stinken nicht so wie Autos und Lärm machen sie auch nicht.

POLIZEI

Auf dem Hof steht ein großer Hubschrauber. »Damit können wir ganz schnell zu Einsatzorten fliegen, die mit dem Polizeiwagen oder dem Motorrad schlecht zu erreichen sind«, erklärt Meike. »Außerdem kann man vom Hubschrauber aus besser den Verkehr überwachen und zum Beispiel Staus auf Autobahnen an die Funkzentrale melden.«

Da kommt plötzlich ein Einsatzauftrag. Meike soll mit Kollegen zu einer Villa fahren, in die eingebrochen wurde. Und ich darf mit! Als wir am Einsatzort ankommen, ist die Spurensicherung schon bei der Arbeit. Alles wird ganz genau nach Fingerabdrücken oder anderen Spuren untersucht. Oft helfen dabei auch Suchhunde mit. Ein Kollege fotografiert gerade einen verdächtigen Schuhabdruck im weichen Rasen. Plötzlich ruft jemand laut »Diebe!«. Zwei Taschendiebe nutzen das Durcheinander und versuchen die Schaulustigen zu bestehlen. Sie laufen weg, so schnell sie können. Sofort nehmen die Polizisten die Verfolgung auf.

Puh, ist Meike schnell! Als ich sie einhole, hat sie den einen Dieb schon fest im Polizeigriff. Die beiden anderen Polizisten haben das Versteck des anderen Diebs auch schon entdeckt. Gleich wird auch er festgenommen und auf die Polizeiwache gebracht. Dort werden dann die Personalien festgestellt und es wird nachgeschaut, ob es sich bei den beiden um bereits gesuchte Personen handelt.

Zum Schluss zeigt mir Meike noch die Motorradstaffel der Polizei beim Üben. Natürlich fahren die Polizisten so nicht auf Streife. Das sind Kollegen von Meike, die ihre Akrobatik bei besonderen Anlässen zeigen. Unter dem Menschenhaufen ist übrigens wirklich ein Motorrad. Für dieses Kunststück müssen die Polizisten natürlich besonders fit sein und sehr oft trainieren.
Meike verrät mir noch ein Geheimnis: Sie will sich bald auch bei der Motorradstaffel bewerben und trainiert deshalb gerade besonders fleißig.

Pflanze

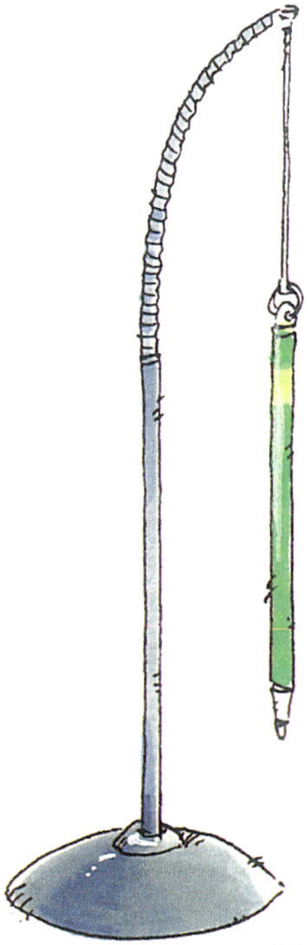

Kugelschreiber

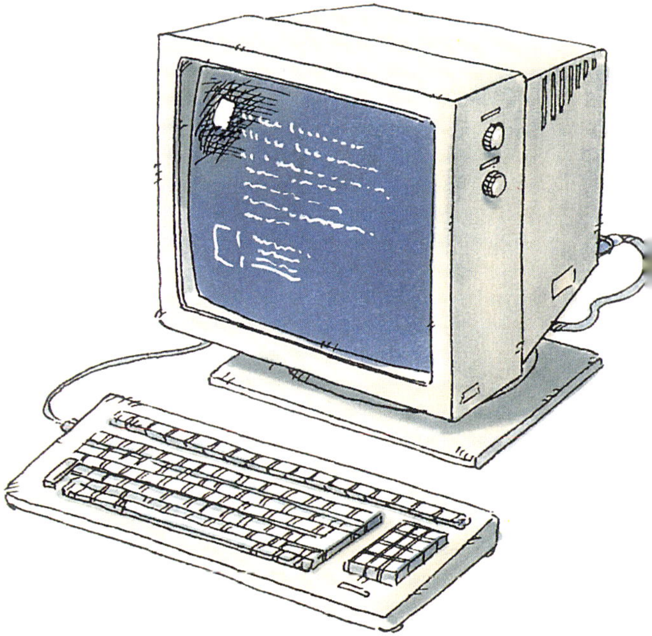

Computer

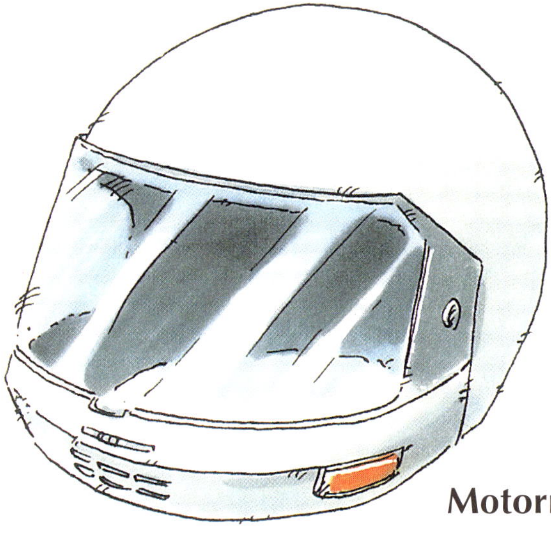

Motorradhelm

Handschellen

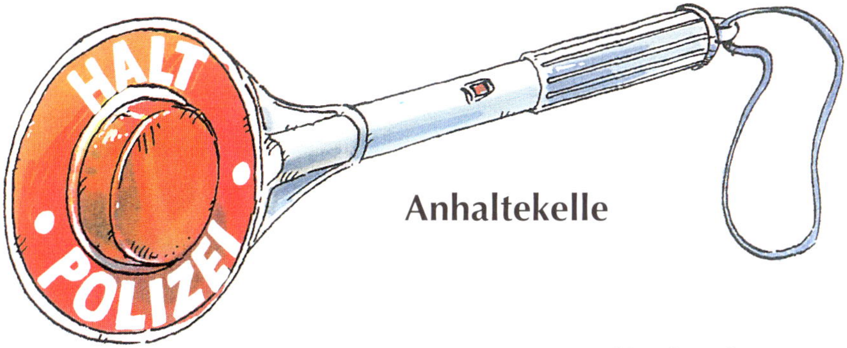

Anhaltekelle

Kaffeebecher

Thermoskanne

Verkehrsleitkegel

Das war wirklich ein toller Tag. Aber das Beste kommt noch: Meike bringt mich auf ihrem Motorrad nach Hause. »Gut festhalten!«, sagt sie, bevor wir losfahren. Ich habe zwar ein bisschen Angst, aber Meike fährt ganz vorsichtig und weit ist es auch nicht. Das macht Spaß! Ich glaube, ich werde später auch mal Motorradpolizist.